# ニートができるまで

加エデンプン

Parade Books

4/18　世の中のものすごい情報量の中から

4/19　レヴァリアース　昔天テレで　MT《ミステリートラベラー》

4/20　ほーしん読む　ほかんセットかう

4/21　雨　月マガスペシャル　たまごっちない

4/22　コカコーラライトのむ　シールとる

4/23　プリクラもらう　ペンペンはとっておく

4/24　朝ポンキッキーズ　エヴァの四コマ

4/25　修学旅行の席決め　フレッシュワのむ

4/26　密リターンズ　ポリギャン　ゲシュタルト

4/27　ブルーシード　眠兎　スイーパーのむ

4/28　林原めぐみさんはその他色々に出ている

4／29　ＥＶＡ《２ｎｄ…》のデモ見れた　僕のマリー

4／30　Ａたちよみ　ひそかの7巻はよかった

5／1　カロリーメイト　四コマのエヴァよむ

5／2　マーブル×5チョコレートっていうのが　はやってた　青い車

5／3　カヲルのミニポスター買った　ＦＭＴ《ファンキーモンキーティーチャー》はおもろい

5／4　ゴーゴーヘブン　本買う　おわり

5／5　ナイキのシャツかう　たちよみする

5／6　ポンキッキーズ　カレーナン食う　終

5／7　サターンＶの住所メモ　ビデオ買う

5／8　大雨　れっかの炎がアニメになるそう

5／9　Ｈｉ－Ｃフレッシュワのむ　ＹＪ《ヤングジャンプ》よむ

5／10　Ｈｏｂｂｙ　Ｊａｐａｎよむ

5／11　たちよみしにいく　ぱふ見る

5／12　ジャンプ　ヤンマガ　ホビージャパンＥＸ

5／13　Ｍもエヴァ好き　きたえる　足つる

5／14　サンデー　マガジン読む　ジエンド

5／15　密・リターンズ！　ドラマ化希望

5／16　ボンボン　ＥＶＡのってた

5／17　マッチャオレのむ　ファンロード

5/22　新しいエヴァ本　カレーくう
5/23　学校うっとい　教師がきれてる
5/24　コーヒーのむ　ペプシシール発見
5/25　ラキスト　ユニクロ　ナイキ
5/26　ヘイヘイヘイ　シャングリラ良い歌
5/27　フィールドオブヴューのこの町で…の
5/28　しょーせつ読む　CDきく
5/29　エース読む　アニメV読む
5/30　テスト　WING読む　ヴァイス少し
5/31　アムロとる

6／1　アムロ1個ゲット

6／2　きょーいくじっしゅうの人きた

6／3　にけつ　ＨＩ－Ｃのむ

6／4　るろ剣のＥＤがボニーピンクにかわる

6／5　ジョグメイトプロテイン買う

6／6　よゆーもつべし　ひまつぶし

6／7　さいきん記憶力うすれてく

6／8　席がえ　コナン　別フレ

6／9　たち読み　ひさびさにうんどう

6／11　ＡＲＭＳおもろい　マガジンエヴァ関係のプレゼント

6／12　立ち読み　ログイン
6／13　ぱふ買う　セイバーマリオネットJ
6／14　マリオネットJ見る　立ち読み
6／15　ビデオかえす
6／16　デスかうポスターもらったカノンいい
6／17　FARCEにもえる　ルフランかう
6／18　さいあく　さいこーだった　ジャンプ
6／19　買いたいもん半がくになったら買う
6／20　ミスティオかう　ほたるらしきもの見る
6／21　ネコたすけた　友人てんこーまで5日
6／22　かみきった　オーナメント7

6／23　士郎正宗　ポスターほしいが金ない
6／24　エヴァのフィルムブック消えてた　いいひとEND
6／25　ヤングキング見た　ギフト最終回
6／26　ペンまげてみた　チャンピオン
6／27　友人てんこー　ともだちにあう
6／28　台風　Aよむ
6／29　ユニクロいく　いろいろいく
6／30　ピンクソーダのむ　ヤンマガ
7／1　こうくうしゃしんとる
7／2　Gum　その他いろいろ　ドラゴン
7／3　チャンピオン読む　いろいろよむ

7/4　ハガキ書く

7/5　3×3EYESかった

7/6　超時空学園Xかう

7/7　ビーチボーイズいい

7/8　テスト

7/9　サクラ大戦みる

7/10　ぱふ　ヤンジャン　チャンピオン

7/11　ニュータイプ　コンプティーク

7/12　友人といろいろいく

7/13　デンキや

7/14　がっこう

7／15　ゆーじょー

7／16　マガジンかう　外は暑い

7／17　音のいいんになってしまう

7／18　さんしゃめんだん

7／19　エヴァ　監督は満足か？　でもよかった

7／20　こーかくのたいけんばん　ＡＫＩＲＡ

7／21　アーマード・コアのたいけんばんもらった

7／22　ぼくのマリー10みた

7／23　ＴＨＡＮＡＴＯＳかわなあかん

7／24　友人のうちいく　ぬがされそうに

7／25～27　どっかいっとった

7/28　よみまくり　M　S　C　J　YJ

7/29　見にいった　いろいろもらった

7/30　いろいろいく　帰る

7/31　A　サンデー　マガジンとか

8/1　べんきょー　ルパンおもろい

8/2　てつだい　べんきょー

8/3　ごちそう　ごろごろ　だらだら

8/4　だらだら　ごろごろ

8/5　日付なんかちがう

8/5　雷　EVAの曲かう　映画またみたい

8/6　ずっと　立ち読み

8/7　イロイロいく

8/8　YJ購入　(流星少女)

8/9　金無い

8/10　エキセントリック少年ボウイ

8/11　ヤンマガとかアニメ系

8/12　雨　EVA　曲　2位

8/13　それが答えだ！　しぶい

8/14　としょかん　わすれた

8/15　登校日　みどりやまポリスギャング

8/16　立ち読み　オレ通AtoZ

8/17　宿題　X-File　どーじんし

8／18　パトレイバー買う　強化人間物語

8／19　がっこう　帰る　ハイルドジェレミー

8／20　UCCエヴァ缶とハガキ　ロックマン

8／21　3×3EYES26巻読む

8／22　エヴァ缶ミサトと全員のしかない

8／23　エヴァ缶アスカとシンジ　後はレイと

8／24　EVA缶さがし　なし

8／25　エヴァ缶なし　たちよみ

8／26　雨　かみなり　ヤンマガみる

8／27　花火　さいこー

8／28　くつみて　イカフライ

8/29　綾波ゲット　後はカヲル
8/30　カヲルゲット　立よみ
8/31　しゅくだい
9/1　がっこう　しゅくだい　しゅうりょう
9/2　ふつうテスト　つんくTV
9/3　がっこう　くんれん
9/4　がっこう　エヴァ本
9/5　がっこう　忘れた
9/6　がっこう　立読み　ブラブラ
9/7　ぼーっとする
9/8　学校　IN23H　友人サターン買う

9/9　ジュース当たる　ジャンプ　ヤンマガ
9/10　サンデー　マガジン　電話
9/11　学校　ブラブラ
9/12　学校　Aかう
9/13　セラフィックフェザー　ワープボーイ
9/14　ジン　1345もらう
9/15　ボーットしてた
9/16　台風　スゴかった
9/17　プリクラケースもらう
9/18　うんどーかいでいろいろ　たちよみ
9/19　うんどーかいのれんしゅう　てんしっち

9/20　うんどー　あそんだり

9/21　ノーラ　ヴギィズエンジェル

9/22　犬においかけられ　ストⅡ

9/23　エヴァ本　金ない

9/24　学校　うんどー

9/25　木曜のかいだん　とんねるず～でした

9/26　ジエンドオブ～　アルバムとポスター

9/27　りつどく　ガンガンとか

9/28　うんどーかい　緑かち

9/29　休み　立読みしすぎ

9/30　エースかって　カロのんだ

10／1　学校　かしかって帰る
10／2　チャンピオン　ヤンジャン　コーンまん
10／3　エヴァ出ず　ブラブラ
10／4　学校のこって　たちよみ
10／5　エヴァコーナーあった　ベルセゾンかった
10／6　りらく茶　エヴァはなく　レベルＥ
10／7　友人鼻血　ボキャブラ天国
10／8　問題は数学　ＭＰＤ－ＰＳＹＣＨＯ
10／9　セガ・ワールドでエヴァチラシ
10／10　やすみ　かみきって　聖書
10／11　リターン　ボンボン坂高校～

10/12　みせいくはずだったがわからず

10/13　学校　歌って　ガリ勉

10/14　2HEARTS（キャプテン）　セガの新聞

10/15　Cloverよむ

10/16　ジャンプのリーダーズカップでてた

10/17　エヴァあった　青い鳥　おもしろそう

10/18　ボンボン買う　アニメ・ドラマのTV

10/19　文化祭　いそがしい　いろいろある

10/20　立よみ　ユガミズム

10/21　Gファンタジー　トッグス

10/22　アムロナミエ　サムと結婚

10／23　ニキビ　M　S　C　Y　J
10／24　綾波ゲット
10／25　エヴァのフィルムブックあった
10／26　日曜　勉強
10／27　理　数　国　英　社
10／28　エヴァカレンダー10／31まで　2個ある
10／29　ビデオとか安くうってた
10／30　DVDのチラシ
10／31　エヴァの本よむ（Air）
11／1　もちもらう
11／2　かみきる　でんわ

11/3　（しょかいとくてんポストカード）何かエヴァの本あった

11/4　ジャンプのリーダーズカップ97から

11/5　ゆうはく　らんま　シルバーウルフ

11/6　おきて　しゅくだい

11/7　君がおもいでになる前に　EAT　MAN

11/8　みまんシティー

11／16　ブラブラする　まる子みる
11／17　雨　ちこく　2ケツ　スマスマ
11／18　アイーダ　けんしんSP
11／19　学校　なんかのこって　おそい
11／20　昼休み　ゴミ拾い　けんどーので残る
11／21　天地～ない　まごころ～あった　読む
11／22　仏～かおうとおもったら無い　桜のポスター
11／23　ル・アークかう　コンパイラ3冊かう
11／24　100均一いって　春山

11/25　がっこー　ほねつぎ　ヤンマガ
11/26　がっこーボツ
11/27　けんどーの大会みたいなの
11/28　かさパチられてた　ポスターかく
11/29　天地カードもらう
11/30　せいとんとかする
12/1　学校　ジャンプ　ヤンマガ
12/2　学校　寒い
12/3　エヴァCDかう　ポスターもらう　カレンダーよやく
12/4　YJとかチャンピオン
12/5　エヴァ3まいかう　1がない　WHY?

12／6　HEN　クラシックない　みまんしてぃー

12／7　うちにずっといる

12／8　ヤンマガ　ポップコーン

12／9　ジャンプ　るろ剣

12／10　エヴァ1買う　ポップコーン

12／11　アニメージュ　アニメディア　NT

12／12　しかばねこえるー　NTかう

12／13　UFOくう（今後は食べない）　ふくほしい

12／14　天地

12／15　パトレイバー

12／16　レプリカント　ラブアンドポップ

12／17　ＲＰＧⅢの話とか　ワックスとかした
12／18　ファミ楽しかった

12／20　合同がっかつ　ああっ女神さまっ読む
12／21　女神さま　６～16まで
12／22　三者めんだん　アフタヌーン買う
12／23　ハガキ書く　寒い
12／24　ブックマーケット　ＫＥＹ
12／25　学校終　ちっちゃい～見る　ＥＶＡかう
12／26　たいほしちゃうぞ
12／27　シャズナ３枚￥５００で

12／28　ヤンキンOURSとA買う

12／29　はかいく　ねる

12／30　よーせいじけん　オエオエオ

12／31　卓球

1／1　雨　とし玉

1／2　金持ち

1／3　MAGAスペとGファン　ビーチボーイズ

1／4　ヴギイ～買う

1／5　コナン　まさる

1／6　ペニシリン　プリティーヨーガ

1／7　シャズナきく

1／8　こがわせかって出す　ペルソナ読む

1／9　でんきや　ガンガンWING

1／10　ブクマで立ち読み　RINGO

1／11　雨だったんでずっと家

1／12　学校　雨

1／13　CUE買う　ボキャ天

1／14　ヤンキン　マイコアニメ化

1／15　ハガキ　アフタヌーンとマガスペに

1／16　休み　おきる　学校

1／17　スプリガン

1／18　エヴァ巻かって　Scilence　to　light

1／19　寒い　死ぬかと思った

1／20　3×327巻　万猫　フィルムブック

1／21　モテモテ王国

1／22　ALLMAN　DEADMAN

1／23　学校　メシつくる　汁も

1／24　服みる

1／25　パラサイト・イヴみる　ウルジャン

1／26　ジャンプとか　YMとか

1／27　ガオ！　とか　ああっ女神さまっ！

1／28　4km走　ノーラでてた　パンク

1／29　なんか我が家に伝わる絵とかいってたけど…

1／30　朝　Ｌｉ－Ｌａの出す

1／31　マラソン　ＢＯＯＫ　ＯＦＦ発見

2／1　ＢＯＯＫ　ＯＦＦ　アセンブラＯＸ

2／2　学校　ＣＤわたす

2／3　エヴァの11巻でてた

2／4　エヴァチップ（ス）

2／5　勉強してねえ

2／6　ノーラかう　ヴギィテレカ

2／7　地雷震おもろい　犬神も

2／8　ガオとか

2／9　ジャンプとＹＭ

2/10 ラムネス　￥100

2/11 ノビノビタ　キスｘｘｘ

2/12 A´ EVE　セイバーとフォトン

2/13 学校　風おおい

2/14 リヴンと大運動会のチラシ

2/15 フトンでマンガとか

2/16 ジャンプ　ヤンマガ　たちよみ

2/17 そろそろエヴァのチラシ出るかも

2/18 サターン関係

2/19 学校　せきがえ

2/20 パンクなおす

2／21　ゼノギアス　みやむー　マザー
2／22　一日中うち
2／23　そうかいぎ　らしい
2／24　パープル　モーニング　ボキャブラ
2／25　ヤンキン　ＦＲＩデー　アフタヌーン
2／26　テストだー
2／27　Ｇｕｍでてた
2／28　アニメＶ
3／1　笑点　セイバー見終る
3／2　こしいたい　寒い
3／3　ボキャブラ　ゴクゴクだー　すばらしき日々

3/4　エヴァ4　ジン6エデボよかった

3/5　YJ↓NOA　月マガ

3/6　BAD　BLOOD　エヴァ明日映画

3/7　マスターモスキートン　X

3/8　エヴァパンフポスターラミカフクロ

3/9　天野喜考展行く

3/10　ボキャブラ新しくなる

3/11　雨　学校ギリギリ

3/12　学校　大そーじ　ぱふ

3/13　学校　そーじやられんしゅうやら

3/14　エヴァのポスターは完売　Kの葬列

3/15　いい人　昔ばなし　クラインの壺でてきた
3/16　卒業式　カヲルのコースターとどく
3/17　陽炎日記　アガペイズ　ファンロード
3/18　マガジン　サクラ特集　変な人たまってる
3/19　授業ラスト　スウィートシーズンおもろい
3/20　学校　めんだん　¥10で10冊
3/21　TVeye　まるごとバナナ
3/22　ウテナあった　エヴァチップ（ス）
3/23　学校　サターンの本かう　まだ制服
3/24　学校　ラスト　スポクロ　Mr　Boo
3/25　ヤンキン　アフタヌーン

3／26　ガーディアンヒーローズ　雨　さいあく

3／27　のぶなが　アフタヌーンかう

3／28　ユニクロ　ジーパン　スポクロ

3／29　ファンタかって　CD￥50

3／30　もう青い鳥は飛ばない　イグドラシル

3／31　とくばん　ワンダフル

4／1　ロミヒー　志村XYZ

4／2　エヴァのポスター　サターンファン　PONとキマイラ

4／3　ゲシュタルト　最遊記　E's

4／4　ペルソナ　夜もヒッパレ

4／5　Y氏のりん人のEDがENYAだった

4/6　2かんでてるらしいアルファゾーン　ラブジェネ

4/7　ベルセルク　ヨコハマ買い出し紀行

4/8　対面式　TOGSのテレカ来てた

4/9　雨ふってうわー

4/10　ポケビ　先生知らないの？　めぐり会い

4/11　オープラス　CDTV　ランク王国

4/12　アニメージュ　NT　ドラゴン　ガンガン

4/13　ビッグコミックスペリオール

4/14　B-maga　WITH　LOVE

4/15　サン・マガ　ヤンキン　アッパーズ

4/16　C　YJ　Uppersかった

4/17　七夕の国　今世紀最後の力水

4/18　雨ザーザー　雷ピカゴロ

4/19　かみきる　変　本よんだり

4/20　BCS　センチメント　七夕　いいひと

4/21　学校　走った　ポーカー

4/22　月ジャン　Mr マガジン

4/23　おきる　しゅくだいする　ちこく

4/24　エイトとEDENなく　オヤジとギャルとか

4/25　EDEN　短編集　エイトない

4/26　なんでもかんていだん　ミルージュ　¥110

4/27　ジュースの中身は1円以下

4/28　林原めぐみがランキング9位だった
4/29　パソキヤ　エヴァのどいてた
4/30　TOGS②　ASKAのGirl
5/1　DNA　ブルーリーアイズ　マッチ
5/2　フィギュア王　みんなの歌　空のコーラス
5/3　HIDE自殺知る
5/4　HIDEのTV
5/5　スターフルーツサーフライダー　メリークリスマスアイラブユー
5/6　スピッツ　ロビンソン　空も～　チェリー
5/7　学校　美術　体育
5/8　そんな奴ぁいねえ!!　ぱふ　ウテナ

5／9 ときめきトゥナイト　コンプレックス192
5／10 リスティス　奇跡の星　愛のために
5／11 甘き死よ、来たれ
5／12 バードマン　キッズアーオーライト
5／13 とわの歌　はじめの一歩
5／14 学校はダメだ
5／15 オールアバウトマネー　鳥になれたら
5／16 死ぬほど雨　ムーンウォーク
5／17 セブン　キスxxxx1998
5／18 センチメントの季節おわり夏ある　おやつ
5／19 冬服↓あい服　まつごっつ

5／20　ハートオブソード　マザー　ムーン
5／21　スーパーテンションズのデビュー曲
5／22　ローランサンとかダリとか見た
5／23　マイラバ　hide　シャ乱Q
5／24　フランケンシュタインズプリンセス
5／25　学校　しゅーかいとか
5／26　学校　プールそうじとか
5／27　EVAループリングキーホルダーあたってた
5／28　ブロードキャスターの前のOP…
5／29　学校　テスト　技　べんきょう
5／30　またまたセイバー～J？

5/31　EVAそれをなすものとか　あるある大事典
6/1　雨　J　YM　BC　TRF
6/2　エヴァ本　ワンダフル　松ごっつ
6/3　ゲリちこく　銀河鉄道　HONEY
6/4　マガ　チャン　YJ　サン　その他
6/5　フィールソーナイス　ハマショウ
6/6　インタヴューウィズヴァンパイア
6/7　インテグラホンダのCM　ドラへ　月マ
6/8　ポケビのしょめい運動で名前かく
6/9　ぱふのDATAで　アガルタ　ジン7　私小説
6/10　YC　ショムニ　エンドレスループ

6／11　ラクティア　うまい　雨　ゲリ

6／12　恋ひせよとてもうまれざりけり

6／13　雨　ベイビートークおもろかった

6／14　リスティス　アニメV　明日テスト

6／15　実テ終了　メラネシアを暗黒島とか

6／16　プロペラの空を飛んでみたいな

6／17　郵便局　小がわせかう　Ｆｏｒｅｖｅｒ　ｌｏｖｅ

6／18　学校　鼻のけんさとか　ＧＴＯ　タルルート

6／19　リングのビデオウイルス　エヴァのテレカとどいた

6／20　教育実習の先生帰る　傘帰ってきた

6／21　ＣＤ女神声優天地ＥＶＡ

6/22 チャイニーズゴースト〜いいらしい

6/23 かきごーりジュース　コーラハイチュウ

6/24 アフタヌーンなし　明日はアフタヌーン

6/25 おーぼのためアフタを5冊かわな…

6/26 ゼロ　羊のうた　HAMASHO

6/27 7月7日、晴れ　涙くんさよなら

6/28 ヤングキングアワーズかう

6/29 YMの日直番長にちょ↓うけた

6/30 泳ぐ　雨　マリオノールゴーレム

7/1 恋はあせらず　ショムニ

7/2 「YoooH!　It's Cool!」「NoooooH!」

7／3　ＥＶＡ12もののけといっしょに全巻レンタル中　おお…
7／4　平和集会　アニメコンプレックス
7／5　ジャンプのせいり　いいのだけとる
7／6　スピッツ　かえで
7／7　神さま、もう少しだけ…　ＧＴＯ
7／8　半ソデ　花葬　セフィロトの樹でてた
7／9　いいんかい　ＹＪ　スターゲイト
7／10　ナデシコ　不夜城　ワナビー
7／11　ハルモニア　エヴリシング
7／12　けっきょくずっとうちにいた
7／13　委員会　水泳大会　スマスマにメイヤ

7/14　エヴァチップ（ス）缶　コンビニにない

7/15　6時間目なくなる　マダラスブレンドのむ

7/16　シャツ二枚かう　くつGET

7/17　いいともにマリスミゼル　紅の豚

7/18　終業　封神えんぎ　またまたセイバー

7/19　サウンドノベルしたり　影になれ

7/20　祝日　風の詩をききながら

7/21　ウルジャン　Gファン　セブン

7/22　BLAME!　サイコ　じらいしん

7/23　「お前だけでも逃げろー」？「一緒に捕まってー」
ポリとデッドヒートしてたらしい

7/24　ガンガンＷＩＮＧ　ハマショウ
7/25　アフタヌーン　バスタード！　冬目景
7/26　ふったりやんだり
7/27　げんぞーひとがたきわ　うたたねさん
7/28　ＡとＮＯＲＡ　少年Ｊ
7/29　ネオランガ　女神　マイコ　ブレン
7/30　強化人間物語　飛行少年ズ　ファジーネス
7/31　そーごーけいび　シゲキックスＣケア
8/1　スプリガン　ｌａｉｎ　コナマガ
8/2　バッケンローダー　ディープフィアー　やるドラ
8/3　センチメントまた始まった

8／4　トライガン　人魚の森と傷

8／5　サンダルかわな　アニコンのビデオ

8／6　シールとり　ガンダム9話　ももてつ

8／7　ブレパ　KOKIA　愛のりんかく《フィールド》

8／8　バタフライ《スマイルdk》　コズミックドルフィン《ザ・タートルズ》

8／9　サンダルがない　シャズナのライヴ見る

8／10　ガチャポン　スーパージョッキー

8／11　真心ブラザーズエヴリバディーシングアラヴソング

8／12　マスカラス（？）

8／13　羊たちの沈もくかりてて　酒

8／14　スレイヤーズTRY　ハマショウ

8/15　七人のおたくの　ジャストビガン
8/16　33〜31℃だった　これからどーなるのか?
8/17　ドラゴン　ジャンプ　A´
8/18　エヴァのVOX買わねば　十月
8/19　古いニュータイプ買う　EVAのポスター
8/20　ハッチポッチステーション　はんがくパン
8/21　ウルジャン　うめポテチ
8/22　立ち読み　不夜城　花火とか
8/23　ビールゼリー　ぷよぷよ　神にみちびかれつつ
8/24　少年時代　緑山高校野球部(?)の主題歌
8/25　カリクラ　テクノハザード

8/26　ガルフォースかりてかえる

8/27　すっぽかし　ねぼう

8/28　ラグナレク　新大陸月報　マガジンGREAT

8/29　あんり　夏の月　くどうしずか　インザスカイ

8/30　hide　クレしん

8/31　氷の上に立つように　ところで　ゆず

9/1　学校　ひなんくんれん　Lookerとか

9/2　まよなかレーザー《ハイロウズ》　ダンデライオン《ブランキージェットシティー》

9/3　女神のもらった　ブギーポップやらな

9/4　月マガ　コミッカーズ　サイコでてた

9/5　ファミ通とか　ディルアングレイ　アイル

9/6　lain　ぼうけんどきの〜　EVA

9/7　予約してポスター　体験入学のかく

9/8　CUE久々に　Yの思いで

9/9　みごとにかし出しEVA14 MMR　サベージガーデン　Saju

9/10　職業適性テスト　アニメ誌でてない

9/11　ナイーヴ　なんとかアルカード　魔物なかの女たち

9/12　Bマガ　Bクラブ　ランク王国

9/13　ボンボン　サトーゲン　バタンQ　メタルファイターミク

9/14　イエモンコンサートいくらしい　バトルスキッパーあった

9/15　切手¥620かって　まつごっつ

9/16　コーコーいかずバンチョーになる！とか

9/17　ステップよりいいもんあるらしい

9/18　話しあい　雨　変　うける

9/19　のっけてもらう　雨やどり　ねぶそく

9/20　変　HEN　エデボ

9/21　気持ち悪い　休むことに　昼休み登校

9/22　神さまもう少しだけとGTO終り　松ごっつも最終回

9/23　くつかった　TVで世紀末のやってた

9/24　走る　おーえん　雨ふりすぎ

9/25　外が海　学校休み　世にもきみょうな物語

9/26　学校説明会あった

＊＊＊

1／20　学校　パソで調べた　ガクトどうなる
天テレ1000回記念とか海とあなたの物語

＊＊＊

2／7　ハルキ　Kabala　げーむじん
2／8　学校　残－ZAN－　うけまくり　サイフうばいバトル
2／9　おじゃる丸　タイムトリップランデヴーズ　君を忘れない
2／10　パーフェクトブルー　ジャイアントロボ　セス・エ・ホルス

2／11　デビューマン　藤たまき　スガシカオ
2／12　ぶんちんねた　みんなＦＦの話
2／13　チョコボのチョコボールをくわれたらしい　アニメ　ハーメルン
2／14　ガサラキ　キスｘｘｘ　エースネクスト
2／15　冬目景さんがシューティングのキャラデを
2／16　？　おじゃる丸　学校自習ばっか
2／17　ジャイアントロボギンレイシリーズ
2／18　学校　選択　ノスタルジック
2／19　恋人プレイ　ウリナリ　まごころ
2／20　学校　朝会　甘くキケンなナンパでか
2／21　ＭＭＲ　げーむじん　ｌａｉｎ

2/22　学校　じしゅー　話してばっか

2/23　体操服かりる　Xのビデオ（アニメ）

2/24　雨　めしないのにパンたのんでた

2/25　EDENがすごい　脳死のことをニュースでやっていた

2/26　バカがもんだいおこす　雨　カレカノ

2/27　カロリーメイト　チョコ　パン

2/28　200X　ノストラダムスの予言はたいしたことない？

2/29　うけみ！　バキ↓さこつおれたらしい

3/2　私立組と時間差　TV　どこんじょーガエル

3/3　TV　だんご三兄弟？

3／4　面接練習　TV　Be　CooL!

3／5　だんご3兄弟うれてるらしい　Zilch

3／6　めちゃイケ　MARS

3／7　紅茶王子　雨　マスターモスキートン

3／8　バスや電車とぶつかってもむこうがゆーりらしい

3／9　相沢、格闘同好会に入らないか?　聖龍伝説

3／10　TV　バンパイアハンターでスプーンまげれない　笑う犬

3／11　選んだ理由　何したいか　進路

3／12　ハムラビ法典復襲ノ法ニ基ヅキ…

3／13　学校　特に何もない　雨　ディーキュアル

3／14　卒業式　カレカノのポスターゲット

3/15　ふったりやんだり　Ｌｅｅぬれっぱなし

3/16　オレだけかよー↑落ちた　苦悩してる

3/17　笑う犬　聖ルミナス女学院

3/18　サントリー　ごめんね　ＮＥＷジュース

3/19　暑い…　古着屋　カレカノ

3/20　ハンターハンターおもしろい

3/21　一日中うち　ヒマ

3/22　人ゴミに弱い　いちごミルクにあたる？

3/23　ネックレス！　首なし！　オー！　インデペンデンスデイ！

3/24　リーバイス　雨　ＳＨＯＸＸ

3/25　イエスタデイを歌ってがでてる

3/26　カレカノおわり　制服きたり　もめたり

3/31　かまいたちの本　聖ルミナス女学院

4/1　マリス　トゥーハート見る

4/2　ルトゥール　ヴァンデミエールの翼

4/3　アフタヌーンとか　ＣＤＴＶ

4/4　マインドアサシン　モスキートン

4/5　ブックオフ　明日は３割引

4/6　アニコン見る　明日は入学式

4/7　入学式　ナイスワンというジュース

4/8　鈴木あみ　ブリグリ　野猿　安室

4/9　1分早く来て　コレクターユイ

4/10　雨　カードキャプターさくら　めちゃイケ

4/11　ブックマーケット　アーグポリス

4/12　座高　身長体重　視力　心臓検査

4/13　あっけらかん　もえちゃん

4/14　ダンレボ　シトラのむ　ワンダフル

4/15　壮快を見てゴロ寝ダイエット

4/16　ダンレボ　サンデー　マガジン

4／17　ナスカ　ジキル　ジャンプ　封神

4／18　マリス　ディル　テレビでやってた

4／19　朝から腹痛　雨　ビートマニア

4／20　集合写真　マンガ　パンゲア　黒夢

4／21　逮捕しちゃうぞの券買う

4／22　米高で23人射殺　自殺

4／23　学校　カッパで　図書室　三国志

4／24　モアディープ　アシッドベル　オザケン

4／25　フィギュアとゲームの店　GON

4／26　学校の先生　20歳　死んだらしい

4／27　エデンズボウイ　なるたる

4/28　グランゾート　ラストレター

4/29　ブルースリー　ストリートジャック

4/30　ホールドユアキー　バサラみたり

5/1　ヒデトリビュート　スピリッツ

5/2　ヤングキングアワーズやら

5/3　コロコロ　ランポ　三原ミツカズ

5/4　雨　月サン　ウインドミル

5/5　整とん進まない　幽々白書

5/6　初給料14万とか　TLC　ココイチ

5/7　食堂でカツカレー　日曜の約束する

5/8　ヨシキ　ヴォイ　メンズヴォイ

5/9　マサルさん　ベーゼ　ルアージュ

5/10　朝検査　ホーム章ないと捕まる

5/11　ベランダ　席替えのくじやった

5/12　ハナコ　日本　ベルト集め　チクワ

5/13　体育　柔道　受け身　ハムスターズ

5/14　学校　日直　カバンパクられたとか

5/15　本屋が100円ショップになってた

5/16　ラピュータ　フェアリーフォーレ

5/17　ドロシア　エース　アフタヌーン

5/18　朝は晴れてたが午後は雨　エデボ

5/19　パンク　アームズ　セファイド

5/20　学校　普通　柔道で肩痛かった
5/21　フールズメイト　バンドやろうぜ
5/22　県体で別の高校に行った　一期一会
5/23　火の鳥　ほうきとボールで野球
5/24　雨　水槽のヤツで火事になるという
5/25　アリエネ　ラレーヌ　エデボの予告
5/26　仕事で、大人は片手でできるらしい
5/27　遅い　説教され　シンシア
5/28　なんで金払って学校に従うの？とか
5/29　CDでーた　ヒデ　黒夢　マリス
5/30　プリクラならず　シャドウレディ

5／31　香港返還ブーム　教科書　パウワウ
6／1　テストの割り当て　1日2教科4日
6／2　雨　ブレーキかけてもすべってあせった
6／3　カラージーンズ　TMモンキー
6／4　壁飛び込えようとしてこけたらしい
6／5　じいさんもう死ぬな　親考行しろと
6／6　雨　スタンダードブルー　魔物ハンター
6／7　足の付かない所で泳いでて切った？
6／8　同和学習　関係ない話　ガラス割れ
6／9　チーズバーガーインパラダイス
6／10　集会はただうざい出て行きたかった

6/11　北海道のコーンバターキャラメル

6/12　再生能力はすごいということらしい

6/13　ヤマモトヨーコ見れず　ファナクラ

6/14　雨　すべる　危険　サボったらしい

6/15　ペルソナ　妖精事件　そんな奴ァ～

6/16　マイラバ　アンティックドール

6/17　見ればはまる　見なきゃはまらん

6/18　若いうちはいい　歳取ったらダメや

6/19　ダイエットガム食ってやせるのか？

6/20　けーたい持ってた　バイトしてる

6/21　頭痛い農薬のせいか？うがい

6／22　尾崎豊　今日俺　サイミン見たって

6／23　ラルク　藤井フミヤ　ＰＪ＆ダンカン

6／24　雨　自販機で　微弱ながらも　電流が

6／25　雨　屋根登ったら落ちて死ぬ　滑る

6／26　10時間ぐらい寝た　カミが死去

6／27　練習とか写真とか　月下の夜想曲

6／28　プール　5分泳　シヴァー

6／29　雷雨　休校　Ｇショックの強さを

6／30　試して壊したらしい

7／1　ジュース飲みゲリ　梅酒と薬

7／2　プリント書いてた　小説の紹介本

7/3　電気の紐切れた　ベーゼのプリズム
7/4　トライガン　アイスガイ
7/5　コーラの噴出はコンコンすればいい
7/6　コーラの噴出はゴロゴロすればいい
7/7　退学して来年○○に入るらしい
7/8　ピエロ　ハイスタ　静香　イエモン　サイコ
7/9　ハルオ　飛行少年ズ　ゲットプレジャー
7/10　サフランゼロビート　オキシドール
7/11　ポップビート　CDスキット
7/12　雨　グランドクロス8月11日　メシフロ
7/13　割り箸が刺さって死亡　大地震予言

7／14　聖剣伝説　ディルの予感　無駄足

7／15　することなし　蝶々はノリピーに

7／16　オセロ　最初　勝ってたと思ったら

7／17　遅いと言われ　326の本　サッズ

7／18　R&R日記　GAOサヨナラ　Kの葬列

7／19　終業式　いいとも　ツイスト兄弟

7／20　行ったら休みだった　ワープボーイ

7／21　今日から俺は！　前後チェーン外れ

7／22　箱で目の下切った　N64にエヴァ

7／23　学校　祭り　トシ　グリーンデイ

7／24　雨ふってくる　表紙にだまされる

7/25　35円のノート　シルキーフレーム
7/26　ロンリー　TVで古いのやってる
7/27　Rケリー　ビョーク
7/28　台風っぽい　普通　ラディフィア
7/29　ペダルから滑りハンドルで脇腹打つ
7/30　ハマショー　ねごとの穴EDがいい
7/31　CDTV　夜もヒッパレ　フェイウォン
8/1　ネズミ?に頭ふまれた
8/2　魔物ハンター妖子原作はカザンの人
8/3　泥まみれ　前向きに　ワンダフル
8/4　バイクの試験落ちたらしい　44点

8／5　みそ汁ドリンクまずかったらしい

8／6　ジュースを混ぜる　税やら引かれる

8／7　メールをドリキャスで〇〇〇〇君と

8／8　通販が来ない　髪を切る

8／9　2ケツしてチャリ買いに行った？

8／10　学校へ行こう　明日はあるのか？

8／11　地震や豪雨災害やら海外では日食も

8／12　SAIというジュース　フォービア

8／13　電話　何故か一発で分かったらしい

8／14　カラオケ　プリクラ　Mステの残

8／15　知らん方へ行きワケ分からんなる

8/16　ジュース混ぜる　しいなりんご特番

8/17　雨最悪　ＣＤ貸しっぱなし

8/18　ファミコン　スーファミ

8/19　風呂で気絶してんじゃねーか

8/20　風呂上がり湯あたりで倒れそうに

8/21　お茶姫　ＧＳ美神　ジキルとハイド

8/22　ユニクロのジーンズに赤耳がある

8/23　ファミコン　バカボン　バトルトード

8/24　３Ｄに見えるヤツは誰が作ったのか

8/25　ゴロゴロ　フツー　なんもない

8/26　宿題した　英と国　なんと終った

8/27　ディルのTシャツ着てる女がいた

8/28　Vヴィサージュ　アーティストFAN

8/29　数を終わらせた　後は感想文のみ

8/30　サプリ　スウィートホーム

8/31　インターネット（ドリ）でなんか

9/1　テスト　集会うぜー　そうじホーム

9/2　先生の昔のをきいた　2ケツは誰？

9/3　黒板見えん　クラスに好きな子が？

9/4　自転車には鍵を　今日シドの命日？

9/5　TELしようと思いしてない

9/6　教科書借りる　ベランダで弁当

9／7　声でかくなったら防ぎょに入ってる

9／8　脳が寝てる　ツインシグナル

9／9　ドラマニ　ダンレボ　ギターフリークス

9／10　メリュジーヌ　ラミエル　オーヴ

9／11　カイカンフレーズ？　田島昭宇の画集

9／12　007とガーディアンフォース

9／13　ヘイヘイヘイ　スマスマ　黒夢　中絶

9／14　実験　45分授業　結団式すぐ終わる

9／15　君はぼくの太陽だ　トライガン本

9／16　剣心終わる？　GS美神は？　うたばん

9／17　やめるらしい　母親が病気で

9/18　左右の足長さちがうのは嘘だった

9/19　イヴの林檎　すずらん通り　ショックス

9/20　マリオノールゴーレム　マシェリ

9/21　応援練習　キレて泣く子　帰りてえ

9/22　ガストでバイト？　やめる？　葉書封筒

9/23　雨ふったりやんだり明日休みになれ

9/24　学校休み　風スゴイ　バロック

9/25　古着　ミソラーメン　ダイエー優勝

9/26　俺達は操られているんじゃないか？

9/27　総合練習草引きとにかく暑いだるい

9/28　体育祭だるい焼けた委員長キレてた

9／29　柔道　背中から落ちむせる　ふつう

9／30　カフェオレファンタファイブミニ…

10／1　起きたらクラクラ　休んだ　ボス…

10／2　心身症の話　葉っぱのジョナサン？

10／3　ソフトバレエ　バクチク　矢沢永吉

10／4　15分テストノート写す　服を忘れ見学

10／5　ビーストマスター　カノンデモ届く

10／6　教科書貸した　借りた　もう飲まん

10／7　ロングホームは選挙下らん　店員暗い

10／8　傘壊れた　五千円落としてる？

10／9　法事サイン岡村さんが馬乗ってたり

10/10　店員に声かける緊張　デアモント

10/11　雨　家でゴロゴロ　自分で髪切る

10/12　マザーグース？　シルバー事件？

10/13　生ダラ　ここがへんだよ日本人

10/14　進路　公務員　タクシーの運転手

10/15　もらったガム鳥にとられる

10/16　ドンビーシャイ　ドントマインド

10/17　ひたすらゴロゴロしてた

10/18　なんもおもろいことない

10/19　オウムの本　滅亡の日　自滅回路

10/20　買いに行ったら無い　不夜城

10／21　俺の青春は中学で終ったと言ってた

10／22　草むしりシャレならん程労働　疑問

10／23　ラーメン　ゲーセン　カラオケ

10／24　ノイローゼダンシング　攻殻2

10／25　ブルーハーツ　スネイルランプ

10／26　ラクガキ　そうじの集会うるさい

10／27　おしいれのぼうけん

10／28　ジャングルを発見したであります

10／29　百円コンビニ　ブレンパワード

10／30　人がいっぱいいいる　シスター

10／31　雨ザンザン　けんけんねこまけん

11／1　保健室で寝る　エヴァのＣＤ

11／2　買いに行ったら無い　人魚シリーズ

11／3　歌の大辞典　ダパンプ　ジューク

11／4　パンドラの匣　エースエヴァサイコ

11／5　ディルのガーゼとプラトゥリ買う

11／6　当てられる　机で文通　早く寝る

11／7　ブックオフ発見　イントロンデポ

11／8　色を少しずつ変える実験　体育４ｋｍ

11／9　公園のトイレを焼いて逮捕　四百万

11／10　生ダラ　クリスマスツリーサッカー

11／11　ほとんどかいてない線引いただけ

11/12　どあほはるだんじ　グルナイ

11/13　腹痛　めっさ痛い　帰って正露丸

11/14　外出ようかと思ったが　ナスカ

11/15　大雨　体操服借りるジュースもらう

11/16　教科書忘れたのに当てられる

11/17　アフターマン　チュンチュンワールド

11/18　クラッシュ　痛い　パンク　最悪

11/19　遅刻したがバレてない　ふつう

11/20　むかつくがどうしようもない

11/21　文化祭　天井をつきやぶる植物

11/22　ノート配っといて　置いといた

11／23　伊藤家の食卓　サザンアイズ

11／24　ポケモンは小6頃からあった

11／25　インドネシアのおもろい人

11／26　集会皆帰る　スウィートトランス

11／27　幸せという言葉個人ではなく皆だと

11／28　ゲーセン　カラオケ　クーラー臭

11／29　免許取ったらしい　人の母のバイク

11／30　バレーてりやきポスターオープラス

12／1　遅刻忘れ物ラクガキ　ガーゼのＰＶ

12／2　早起きして勉強　テスト　こたつ

12／3　転校するまでいじめで死にそう

12／4　地理　オーラルコミュニケーション

12／5　一人として同じのおらんからねえ

12／6　マガジンZ　フリクリ　ビッグオー

12／7　Ｖｓｈｏｔほしい　ヤンマガ買う

12／8　疲れた上、文句言われる　ドロシー

12／9　つったってた　一人一分位の面接

12／10　悪魔の辞典　フーファイターズ

12／11　ビデオ予約　やはりエヴァはスゴイ

12／12　放送で自動で閉まるゆーからビビる

12／13　ロックマン借りた

12／14　ナスカのＥＤコンドルは飛んでいく

12／15　柔道　寝技とか　目の上切ってた

12／16　処刑図鑑　下弦の月　うたばん

12／17　世英家家国数　イミテーションラヴ

12／18　人工呼吸の実習　ニュータイプ

12／19　高1二人がバイク事故　一人死亡

12／20　かってない程めっちゃトイレがまん

12／21　シャレならん程寒い

12／22　柔道で首やられる　頭は24時間以内

12／23　スーパージョッキーの謎の歌

12／24　どうでもいいむごかったむかついた

12／25　生活狂う

12／26　こないだ死んだの○○らしい…

12／27　花があった　人がジャマ

12／28　いないので帰る　エスプレッソ

12／29　マインドユアステップとか本能とか

12／30　なんでぬれてんの?すずらん総集編

12／31　ジャニーズで新年迎える神社で拝む

1／1　牛乳プリン　エヴァ

1／2　ゴロゴロ　エヴァ

1／3　寝すごした　いらつくあせる

1／4　ル・ソワレやフィナーレあった

1／5　服買う

1/6　少し雨　大分雨

1/7　VS騎士ラムネ　セラフェ

1/8　黒鉄　ジュゲム　デッドマン

1/9　明日で休み終り

1/10　ゴロゴロ

1/11　中学が6年間なら良かったって

1/12　リヴァイアス

1/13　100万回生きた猫

1/14　真昼のカノン　オブジェクト13

1/15　バーンナップ　ランポ　ゲシュタルト

1/16　チャンピオンにグロい漫画

1/17　サイコパス　知らんバンドのCD

1/18　体育　バレーでキレてる

1/19　ソフトバレエ　アインスフィア　X

1/20　七時間目図書室

1/21　昼は男子全員ベランダに集まってた

1/22　ときめきトゥナイト　カイン　スギゾー

1/23　スギゾーいい　カインにアイエが

1/24　遅刻　明日からテスト

1/25　パチパチ　夜遅いうかつ

1/26　テスト　OCA　国　世界史

1/27　クレセントノイズ

1／28　プラチナ　カノン　マリア

1／29　ラグランジュ　フールズパラダイス

1／30　ハンダで付ける為四苦八苦

1／31　紅いコーリャン　生皮をはいでた

2／1　バドミントン　話して帰る

2／2　学校　パソする　インターネット

2／3　コミッカーズ　臣士れい　ＫＯＦ

2／4　休み　ＰＨＳラリってるらしい

2／5　黒夢　アンダー…　王立宇宙軍

2／6　知り合い？　だったらすごい

2／7　かまいたちとか　指われるー

2／8　雪　大雪　やむ
2／9　ほねつぎ　ジャンプ
2／10　ＰＩＯＮてゆう新しいジュース
2／11　ディル　ニュータイプ　ユーノ
2／12　ラファエルやってた
2／13　ポケモン金　ケーキ
2／14　朝から朝食（?）　ビデオ思春期の
2／15　腹がパンパン　便秘らしい
2／16　学校　写真とった
2／17　会いたかったが会えなかった
2／18　遅くなった　ウィズセクシー

2／19　コタツで寝ちまった

2／20　ミューフレアーのコミックマスター

2／21　電話　バンドでギター

2／22　明日から運動する

2／23　体育休み　ジャージ

2／24　学校　飯はコンビニの　成績とか

2／25　なんか忙しい　柔道のテスト

2／26　焼肉屋でバイトしてたって

2／27　通販来るかと思ったがこん

2／28　図書室大掃除　ゴミ箱洗う

2／29　四百年に一度のうるう日　式の練習

3／1　卒業式　将来どうするの？　知らん

3／2　何故か公園を2軒ハシゴ　野球とか

3／3　ヤクザ？　いっぱいいいた　デッドマン

3／4　ぬれて帰る　チキンラーメン

3／5　ビデオ持って行って見たり聴いたり

3／6　寝たら変な夢見る　CLiCK

3／7　まあ最後だし　カラオケ

3／8　トイストーリー　マーメノイド

3／9　女神さまっ　明日は何か

3／10　バイクは怖い

3／11　雨　電話　明日行く

3/12　ふけたと言われた　本を交換

3/13　成恵の世界

3/14　風呂壊れてタオルつめてる

3/15　できる限り間食せず夜も早く…

3/16　コピー機に詰まって四苦八苦説明書

3/17　夜眠れん　野火ノビタ

3/18　終業式　〇〇いる最悪

3/19　赤川次郎　夜おそい

3/20　ワンダフルで看護婦のをやってた

3/21　教科書買ってダカラ飲んで

3/22　子供はかわいい気もする

3/23　かつ丼

3/24　ドライカレー

3/25　ショックス　ビダン

3/26　新ジュース　OZ学園

3/27　野球の表　古いショックス

3/28　MDコンポ　アイワは…

3/29　ラクダス　エレベーター開かない

3/30　スーパーミルクちゃん　ヤマダ電機

3/31　休み残り僅か

4/1　引っ越しで忙しそう

4/2　バイクの本もらう

4／3　音叉　チューニング

4／4　整理　捨てる

4／5　CD届く

4／6　明日は学校

4／7　二階　知り合い一人

4／8　掃除してる　ヒマらしい

4／9　何もしてない　明日テスト

4／10　昼ベランダ　友人できる

4/21　体育は雨でビデオ　道路わきで話

4/22　ピストルズ　ラクリマ　デザイア

4/23　フリマでGジャンをねぎる

4/24　これが俺とお前の力の差だ！

4／25　中原中也見た　ラケット買った

4／26　学校だとできたりする　普通

4／27　美術でキャンバス張る　TEL

4／28　砲丸投げる　ドラムやる！やて

4／29　ヴィシャス　ヴァージョン　アリーナ37

4／30　今しがた見た夢はけっこう怖い系

5／1　バス　遠い　山登って　一歩前進

5／2　柔道　図書室　実験　点々の表

5／3　九州のバスジャックのニュース

5／4　アイル　お笑いのビデオ　洋画

5／5　ヌーベルヴァーグ　県外の彼女と…

5/6　集会　とおりぬけフラフープ…

5/7　外行こうとしたら雨　ルミナス

5/8　えの素　アーユス　ＯＵＲＳ

5/9　先公に見つかって怒られたり下らん

5/10　テニス　変　リスティス　普通

5/11　学校は嫌な事が多い…雨ふり出す

5/12　砲丸　ディシェード　キックス

5/13　ショムニ　ラムール（いながき）

5/14　アフタヌーン　シーズン増刊？

5/15　歯医者　ＹＪ　病院　ＢＣＳ

5/16　学校　オレになりたかった男

5／17　図書室漫画がない　2冊消えたから

5／18　カンバス？　ぬる　急いで郵便局に

5／19　希望と絶望ほどでもないポジもネガ

5／20　先生いず　またいない　合コンの話

5／21　出席取って帰る　カナビス　手塚

5／22　倫理　自習　掃除

5／23　休み　油とり紙　日焼け止め

5／24　アンファンテリブル

5／25　合コンドタキャン　ロードあげる

5／26　学校　走る　スタジオ代

5／27　ミウのんだ

5／28　ブックオフ百円かと思いきや七百円

5／29　学校　寝る　背中曲がりそう

5／30　物理　席変わった

6／1　カゴ壊れて直せない

6／2　歯医者　昼は終わり　行くと終了

6／3　数A　家　物　普通

6／4　地と数2　雨少し

6／5　うちにいた　ひまだった

6／6　ミーティング　考え変わって

6／7　卓球　2時間程待った

6／8　同和　ためになった　ヤッターマン

6／9　美術で絵

6／10　雨　カッパ

6／11　スタジオ　だめかも　やめようと

6／12　スプレーしたら泡だったり

6／13　学校　フツー

6／14　下痢　寝る　行かん

6／15　40分授業だった　遅くまで

6／16　バンドやめる　通販一個足りない

6／17　ブランドX　もういい

6／18　マンガでいくらしい

6／19　面接のため早く終わる

6／20　妖精事件　キスｘｘｘｘ

6／21　学校　半ソデ　占いとか

6／22　学校　普通　ふつう？

6／23　走った後とんだ　頭まっ白

6／24　百景　アフタヌーン

6／25　もち　ようかん　アイス　プリッツ

6／26　ジャンプ

6／27　プール　はとよめ

6／28　倫理　プール

6／29　腹痛で休む

6／30　およいで　フトゥー

7/1　アシッド　KRキューブとか
7/2　ホテル　結婚式
7/3　ナルエの世界を買いに行く
7/4　水泳　自由　ヒマだし最悪
7/5　脂肪と言う名の～　ヒデ　サイエンス
7/6　美術　変にすませる
7/7　三段飛び　三回目とんでない
7/8　しゃくゆみこ（？）
7/9　墓参り　アーシアンのビデオ
7/10　エイジよむ　明日からテスト
7/11　半分位　記号じゃなきゃ終ってた

7/12　僕のマリー　魔神転生　オートモッド

7/13　モデルグラフィックス　ブルー

7/14　田中しょう　ボウイのプレート

7/15　3つテスト　5時すむ

7/16　大分ねた

7/17　ホームマッチ　帰りたい帰れない

7/18　休んで　エリファスレヴィ

7/19　終業式　うざすぎ

7/20　フランケンシュタインズプリンセス

7/21　エヴァ本

7/22　ショックスない

7/23　Gファンタジー

7/24　SHOXXかう

7/25　地震がドン!と一回

7/26　ちんすこう!　いながき芸術館

7/27　雨　部屋のせいとん毎日

7/28　普通　少年エース

7/29　昼夜逆転

7/30　何もしてない

7/31　夜ラーメン

8/1　コンビニにぎり　ちねんりな

8/2　アフターイメージ　黒い結晶　廃盤

8/3　ポテチ　ヤンマガアッパーズ

8/4　マリス　ヴェル・エール初回

8/5　遅刻とゆうか怒られる

8/6　人多い　にげる　太陽の碧

8/7　コーラ＋茶　マズイ

8/8　ふつう…　千年の孤独

8/9　花火見てはぐれた

8/10　VOSとオザキとヴギィズ・エン～

8/11　色々話した　エヴァ設定資料集

8/12　CDスキット　ザッピィ

8/13　ハムナプトラ　もう青い鳥は～

8／14　知らん本6冊　ヴァサラ

8／15　金貸してって　ヴァレンタインDC

8／16　最終兵器彼女に一目惚れ　かった

8／17　ビッコミよむ　2巻出てる　かった

8／18　ライヴハウスの場所分からず

8／19　寝てて遅くなった

8／20　家を出てない　シンドローム

8／21　最終〜はない　センチメントあった

8／22　ウテナ　ねてない　雨

8／23　パンク　ウテナおわり　フォービア

8／24　アンディ　フグ死去　ブルービー

8／25　メタルファイターミクの設定資料集
8／26　ＣＤと本　プリン
8／27　ぷよぷよ　子育てマイエンジェル
8／28　エヴァのプロモ　ゲット
8／29　メイズ　愛天
8／30　スパークを見た
8／31　明日から学校うぜー
9／1　始業式　テストとか嫌だ　うどん
9／2　やめるらしい　プー　トーイ
9／3　モスキートン　ヒスブレ　マーブル
9／4　トーイ5巻

9／5　スカルスラッシュゾーンがあった
9／6　倫理　テニス　いながき　スパーク
9／7　一人でしゃべってる子がいた
9／8　文化祭のを決める
9／9　アリエネ・マリアージュのCD
9／10　家でゴロゴロ
9／11　雨すごい
9／12　夜遅い
9／13　ドルヒラ　ガーネットクロウ？
9／14　美術で絵
9／15　休み　ゴロゴロ

9/16　デザビエ　エヴァ
9/17　僕のマリー　サザンアイズ
9/18　デザイア
9/19　ディルのマカブラ
9/20　学校　テニス　スパーク
9/21　つきあってるって
9/22　雨　うどん　タッキュー
9/23　ドールとマワリ
9/24　ポーリュシカ・ポーレ
9/25　ムーミン本　ねこがドブにこける
9/26　スナフキン　職探し

9/27　することなくブラブラ

9/28　愛人　アイレンとゆう本が気になる

9/29　文化祭準備休む

9/30　文化祭休む

10/1　ノッチ　オガタコウジ　トライガン

10/2　席替え　カバン発見　クールフール

10/3　ガサラキ　おもかげ幻舞

10/4　ヴェイル　びるしゃな　ピュエラ

10/5　給料日

10/6　地震あった　震度4らしい

10/7　カセット借りた

10/8 どこも行ってない

10/9 忘れな草を読んでみる

10/10 白い雨読んだ

10/11 早退↓総合体育大会

10/12 赤川本は多い　ミスティックムーン

10/13 ショックエッジ　ヴィヴィッド

10/14 ブックオフ　少し雨

10/15 メイドのマンガ　地区運動会

10/16 コキア　リンダ　カスケード

10/17 草むしり　せず帰る

10/18 フローズン　おもしろい

10／19　カロリーメイト

10／20　フェイスオブソレイユ

10／21　夏の午後　大浦龍宇一　店で調べた

10／22　ピエロ　プラスティックトゥリー

10／23　柔道　後頭部からおとされ…

10／24　さよならをもう一度　かう

10／25　ブレーキ切れた（下手すりゃ死ぬ）

10／26　美術　ボンドの絵終了

10／27　死が二人を～　長い夜　美神解体

10／28　アフタヌーン　トレカ届く

10／29　霧の夜に～　大猟奇

10/30 ブレーキ直る　トイレでガキのケツ

10/31 家庭科　ジュース調べる　就職とか

11/1 テニスはバトミントンに

11/2 休校になると思った　学校中湿気

11/3 シヴァーが休止　花右京メイド隊

11/4 シーク　ラウンドトリップ　CD

11/5 ひまわり　愛をちょうだい　愛のために

11/6 シークレットカオス　サクラン

11/7 大浮遊船時代　魔物な彼女達

11/8 マラソン　マイペース　正確に

11/9 未来＝絶望だと　アルニコ

11／10　4時間目に行く　化学はつぶれた

11／11　CD全部ハズレの様な…　竹内桜

11／12　好きになる人　クミちゃんのおつかい

11／13　カウンタック　灰になるまで

11／14　部落差別学習　遅くて怒られ

11／15　スパーク！　4Dヴァイアブル　カグラ

11／16　帰りたかった　うざかった　銅板

11／17　エイトヒミコナンパデカジェノムズ

11／18　中絶の映像見た　CDなし

11／19　華月亡くなってた…　学校は嫌い

11／20　アンダースタディ　話して帰る

11／21　進路　どこもいかん　遅いゆわれる

11／22　マラソン　誰だよ不正した3年て

11／23　親うるさい　大学いかん

11／24　アリキーノ　レイジードライヴ？

11／25　バランスデイト　コンソメ

11／26　女神フィギュア届いてた

11／27　スウェインインジエア　カナ

11／28　プロメテウスの乙女　席替え

11／29　マンガかかんと

11／30　休む　行く　別れたって

12／1　雨少し　寒い　帰ろうかと

12／2　上田信舟　WAG　ティオ
12／3　シラミ？
12／4　ららばい　ザザ　カーディガンズ
12／5　AQUA　カルシウムパーラー
12／6　ポジティヴガールズ
12／7　腹痛　下痢　冷や汗
12／8　倫理　W　12時前に寝た
12／9　人間関係が…
12／10　ねてた　ホットケーキ
12／11　赤点どうでもいい　フリーター特集
12／12　休む　南くんの恋人　あいーん

12／13　授業さっぱり　みんなパチンコへ
12／14　カゼ　お茶をよくのむ
12／15　ハリーポッター
12／16　発表は既にすんでいた　エヴァ6巻
12／17　スーパー　なつかしくてウロウロ
12／18　やつれている…　刑務所？
12／19　カルトのCD　サムライガン
12／20　家庭科　短パン　テニス
12／21　4万すった…って　チキンナゲット
12／22　掃除　終業式　面談
12／23　テープの輪スチロールダイオキシン

12/24　笑点

12/25　アフタ買いたかった

12/26　アフタとヤンマガ買った

12/27　カレーパン　スパーク

12/28　人に会う　ラーメン…

12/29　ドラグーン　U2

12/30　フールズ　ラーメン…

12/31　紅白見てしまった　ラーメン…

1/1　コロッケ　インターネットできる

1/2　悔しいわなんだかとっても悔しいわ

1/3　シヴァー　プリュール

1/4　叫ぶ詩人の会　エンドレス　エルズ

1/5　あきな　Ｆｌｕｘ　ポイドル

1/6　ポッキー四姉妹物語　レイアース

1/7　探してた本ない　大浮遊船時代

1/8　赤川次郎ワンダーランド

1/9　学校　テスト　昼は死と乙女

1/10　幸福論　異邦人　尾崎豊　太宰治

1/11　学校　行かされる　美術　苦痛

1/12　昼帰りたかったが寝ただけ

1/13　メルクリウスプリティ

1/14　魔女達のたそがれ　死者の学園祭

1／15　パンク　帝都進化論
1／16　呼ばれてるが帰る　コンプティーク
1／17　タイヤやばい　愛が生まれた日
1／18　ラヴ＆ポップ　普通の女の子として
1／19　卓球してた相手が突然無愛想に
1／20　ナイトアダルトチルドレン
1／21　何をしてたのか夜は遅い
1／22　腹痛　死者の〜
1／23　ドリアンなんとか
1／24　地Ｗ物
1／25　古数　通信制らしい　テスト終り

1／26　テストある　国英　ガスト　美形

1／27　ドラゴン本　シガレットリバティ

1／28　タイピングソフト　あしたのジョー

1／29　しーなリンゴ妊娠　タイヤ割れた…

1／30　キュアー　リニアタス

1／31　茶が顔面にかかり笑えてしまう

2／1　古地数物　雨でも晴れた　寒かった

2／2　幻の四重奏　乙女の祈り　過熟の実

2／3　悪魔のオロロン　人生は色々だ

2／4　ヤワラ　少女時代　原由子　先生！

2／5　羊のうた　刻の大地　アンヘルブラッド

2／6　世界は破滅を待っている　写真とる

2／7　雨　傘で行く（下手すりゃ死ぬ）

2／8　カレー　3学期初食堂　電撃大王？

2／9　飯食って来いと　ウォークマン返す

2／10　クーデルカ　トラブルチェリー

2／11　ねまくる　くいまくる

2／12　結婚し坂登り家で叫び修学旅行な夢

2／13　柔道　投げられたり　席替え

2／14　頭痛　休む　寝る　ダウン症とか

2／15　ロマ剣Ⅱ　まりお金田　幸福塾

2／16　カヲル　サイレンストゥーライト

2/17　クラッシュ　朝までインターネット

2/18　ハリーポッター読み始める

2/19　セーラー服と機関銃　ちょびっツ

2/20　人いない　そうしている内に来た

2/21　傘さし怒られ　アルジュナ

2/22　美術　絵持って帰る　進級せねば

2/23　休む　インターネット　整とん

2/24　キリンジ　３ＬＤＫ

2/25　朝あんまり出会いなし　外出ず

2/26　ホーム章つけてる　パジャマのまま

2/27　英地国体　掃除　ワックスとか

2/28　ラヴ&ポップがあった

3/1　卒業式　掃除　式　誇り高き週末

3/2　インフルエンザ　頭とふしぶし痛い

3/3　水分と薬　トイドール

3/4　さんま　青い犬　あるある大辞典

3/5　覚えてない　ニライカナイ

3/6　行こうと思ったが行けず

3/7　プリント持って判子下さいと周る

3/8　雪　指凍る　明日を殺さないで

3/9　クーラシェイカー　ストロベリー

3/10　出会いがあるかと思いコンビニ

3／11　家にいた　インターネット
3／12　言霊の本は無く
3／13　シンジ　エヴァ本　青木惣
3／14　アガペイズ　反町くん
3／15　買ってはいけない
3／16　流されて　ゲームはせずプリクラ
3／17　覚えてない
3／18　一日中うちにいた
3／19　中森明菜　アペタイト　オフェリア
3／20　進学できたってことらしい
3／21　Ｂバージン

3／22　明日を~読んだ

3／23　パソコンにウイルス入ったらしい

3／24　地震　飛び出した　震度5弱

3／25　大雨　カレー

3／26　人に教える

3／27　武富士の歌詞　2ch

3／28　アルジュナ最終回

3／29　アルジュナのCDがない

3／30　アイスは溶けかけが良い

3／31　ショムニ？

4／1　教科書買わず

4/2　クイックジャパン？

4/3　RED　寄生獣

4/4　話す　右翼とか

4/5　話す　帰る　整とん

4/6　多田由美　やまむらはじめ

4/7　教科書買いに　店がない　見つける

4/8　署名させられる　沖縄

4/9　学校　式とか掃除　古典とか地理

4/10　身体測定　愛は地球を巣食う

4/11　政治経済　パソコン　ハレのちグウ

4/12　パートしたいけど大した額にならん

4／13　ぴたテンどこにもなく帰る

4／14　みーはーボンボンあったが買わず

4／15　うちにいた　のどいたい

4／16　みーはーボンボン買う

4／17　クラス写真とか　ハレグゥ

4／18　ストラップとピック買う

4／19　内科検診　歯科検診　こんぶ食った

4／20　はとサブレもらって食うが…

4／21　じんましん　病院　注射　少し雨

4／22　5時起き　笑う犬はおもろい

4／23　学校　テニス　カロリーメイト

4／24　死者は空中を歩く　就職しない
4／25　エイントアフレイドトゥーダイ
4／26　行こうとしてやめた　黒鉄
4／27　実験　変な話　三者面談　成恵3
4／28　コミックワンダー　空木さくこ
4／29　12時間睡眠　夜はインターネット
4／30　ガオとぴたテン3巻
5／1　学校　弁当　死者は〜
5／2　大雨　休む　ホームデイだけど
5／3　オズヌ
5／4　節句へバスで　寿司

5/5　うちにいた

5/6　デッドマン買う　ブルーベジー

5/7　マンゴー味のガム　テニス　雨

5/8　4時間目に行った　総会

5/9　40分授業　ふたりを読み始める

5/10　朝から行く　ぴたテンを貸す

5/11　子猫誰ももらってくれん置いてく…

5/12　学校　朝までインターネット

5/13　ふたり　読んだ　アフタがない

5/14　ブックオフ　フィナーレ買えず

5/15　フジリュー　ハッピーワールド

5/16　記憶が全然ない　やばい

5/17　屋根裏部屋の少女　結婚以前

5/18　2時間うけて帰る　普通

5/19　県体だか休んで

5/20　うちにいて　ジュース買いに行って

5/21　午前のみ　一人ぽつーん

5/22　代休　インターネット書き込みとか

5/23　子子家庭は大当たり

5/24　びわドリンク　グラウンドシューズ

5/25　バイオハザードの小説を…

5/26　プラチナフォレスト　リゼノア

5／27　インターネット　書き込み

5／28　（漫画家）の親の演説?･流れてて

5／29　ヴィジュアルK1　アンチクランケ

5／30　中森明菜　ミ・アモーレ

5／31　教室分からず大移動　0点かも

6／1　0点の可能性あり　レゲエの神様

6／2　テスト現文と英　ノーウェア　R

6／3　ウェイヴ　スーテン　ルゴルジェ

6／4　武者小路実篤読む　文書処理

6／5　寝不足　クラクラ　休む　雨

6／6　柔道休もうとしたら読書だった

6／7　カキコにレスきてカキコした
6／8　地古ＲＷ　友情読み終る　愛と死
6／9　ザ・ラヴ　いばら姫のおやつ
6／10　自律神経失調か化学物質過敏症？
6／11　蛍のＣＤ　友情　あつい…
6／12　ロングホーム　ホームマッチの決め
6／13　ミルクセーキ　ハレグゥ　パソしたい
6／14　普段何考えてる？　夏休みの予定とか
6／15　愛のようなもの　一緒にいたい人
6／16　マクロス　アズリアル　ベビシ…
6／17　インターネットばかりするな　自制

6/18　古地政R文体　初泳ぎ　夜は早く寝た
6/19　アウトサイダーズ　LHは進路？
6/20　雨　休む　よろず　ときめき
6/21　雨　彼の温度　アウトサイダーズ
6/22　雨　あいたい気持ち　足ケガしてた
6/23　狗飼恭子の小説全部読み終ったパソ
6/24　ザリガニ隣にもってったり　パソ
6/25　ダニにくわれた　27日にバルサン
6/26　普通の女の子として〜読んでる
6/27　まだやってないことがいっぱいある!!
6/28　非・バランス　エンジンかからない

6／29　今週は45分　ガンジー　人おらん
6／30　1ポンドの福音　原由子の本　17
7／1　ぼーっと　インタ　本読んだり
7／2　15分テスト　本屋があった道を通り
7／3　午前0時の忘れ物　文庫の紹介の本
7／4　体Ⅲ　柔道着で卓球　ダカラのむ
7／5　行く　美術　汚い　マグロ丼
7／6　昼は　午前0時の忘れ物読み終る
7／7　休む　オフハウス　ない　疲れる
7／8　家にいる…　人は皆心病んで生きる
7／9　愛と死読んでる　一週間前と同じ

7/10　テスト　学校へ行こう　デットンとか

7/11　遠いこの街で　クロアゲハのビデオ

7/12　テスト　政経　何もしてないと思う

7/13　英と古　雨やら晴れやら汗…

7/14　裏情報　トイレがある　知っとる…

7/15　ハンドメイド　メイ

7/16　写真とる　暑い　2時間立ち読み？

7/17　家や学校で人を7・8人殺した夢

7/18　疲れた　カレーパン

7/19　終業式　むかつく　お先まっくら

7/20　ずっとうちにいた　ベルセルク

7／21　カグラとＢＪマニアック買う

7／22　イバラギと四年生買う

7／23　アフタヌーン買った

7／24　めざめを読む　ダークエッジ

7／25　ブギーポップ　ロマンティック

7／26　歯医者

7／27　エースを買った　ショックス見た

7／28　○○がいたことは覚えてる

7／29　ＴＯＮＯの本　ヴェラドンナ

7／30　パソ　とくになんも　あつい

7／31　ふつーと思う

8/1　カニヴァリズムない　ポイドル三百円
8/2　自衛隊の誘い
8/3　アコギ欲しかった
8/4　やめるらしい　車免許取ると
8/5　ゲーム　ロンリークローン　焼き肉
8/6　停電　ときめきハウスで初チャット
8/7　会社大丈夫？　大丈夫じゃないっぽい
8/8　雷雨　こげこげハウスでチャット
8/9　話しかけたら店員じゃなかった
8/10　エヴァのカレンダー五百円
8/11　雨でケガ2ケ所

8/12　ジンクス

8/13　ヒマなんだと

8/14　インターネットするなとか

8/15　チャット　夜4時

8/16　ボードかう?

8/17　クレヨンしんちゃん

8/18　祭り　はぐれたり　体育館

8/19　ココア　やきそば　話す

8/20　起きてすぐ雨戸閉める　雨

8/21　台風昨日去ったらしい

8/22　七尾旅人　ピュア　ロマンスフォア

8/23　頭痛　本のカビが体に悪い？

8/24　〇〇が金髪に　夜はチャットとか

8/25　ジュースおごる　アフタ買って帰る

8/26　三段シート　暴走天使（？）

8/27　エース買う　片付けたい

8/28　シーン2　FID　マカブラ

8/29　センチメント

8/30　雨　ハンドメイド　メイ

8/31　ガオ買った

9/1　学校　集会むかついた　テスト

9/2　チーズはどこへ消えた？・買う

9／3　雪を待つ八月　小説渡したら読んでる

9／4　現物数R　弁当　図書室　地古

9／5　遅刻　体ＩＷ英数めし数文柔道見学

9／6　雨　美術政　15歳の遺書　国英

9／7　ＬＯＶＥ論　放送がディルだった

9／8　汗　夜は遅く

9／9　同窓会の話　ロッキンf

9／10　15分テスト　古地政文Rテニス

9／11　夜アメリカ飛行機落ちる

9／12　西原さんを読む

9／13　夜2時ぐらい　ダメ人間

9/14　雨　寝る　怒られる

9/15　休み　寝る

9/16　シューズ洗ってみる

9/17　腹下す　休む　電撃大王とバーズ

9/18　14歳いらない子　フルーツバスケット

9/19　CDない　夢かもしんない　仮面天使

9/20　写真屋上で　体育祭で水かぶったとか

9/21　結婚しようよ　ハーフな分だけ

9/22　ブランニューラバー　ループソング

9/23　ワールドイズ〜探したり

9/24　キルア　カラスの死骸はなぜ見あた

9／25　体育祭の　草抜いて　一人行動

9／26　ねる　メロンパンとフラン　普通

9／27　ねる　フルバ　インタ夜まで？

9／28　めっちゃストレスやめたい帰りたい

9／29　同窓会　話す　解散　飲むらしい

9／30　CD　八月いい　インタとか　で今

10／1　不幸買います　テニス　きりり

10／2　公園で弁当　エンジェリックレイヤー

10／3　政国英数めし読書文柔道見学

10／4　時間割違う　中学生体験入学

10／5　ナスカアルジュナBOA岡崎律子

10／6　ハイドのエヴァーグリーン良かった

10／7　ディープスハピネス　戦争アメリカ

10／8　プリンつくる　目的のないブラブラ

10／9　物数Rめし地古LH　パンドラの匣

10／10　てけてけマイハート　星界の紋章

10／11　血とバラ　掃除　窓からの景色を

10／12　エースネクスト　道聞かれる　不明

10／13　人死んだらしい　アフタートリック

10／14　アルジェントソーマ　インメディア

10／15　ぎこちなく語る　あずまんが買った

10／16　テスト　雨　インタ　目のケアを

10/17　コアーズと空木さく子の漫画　雨

10/18　広島　日曜面接受けに行ったらしい

10/19　大学に合格した　退学したに聞こえた

10/20　ジエンドオブセンチュリーロッカー

10/21　ナジカとかカレカノとか　ズⅣ買う

10/22　朝から行く　光源氏　体はビデオ

10/23　学年集会　学校からもらう誇りなど無

10/24　4時間目に行く　確かに学生は楽かも

10/25　R芸Wめし国英　フルバ

10/26　地古RW国　舞姫　カメラ来てた

10/27　Tシャツ寒い　ウィズセクシー

10／28　雨　グローヴ　坂本龍一

10／29　最終兵器彼女最終回　車で学校に…

10／30　赤川　団地の話　ＬＨ　正義と微笑

10／31　風邪　あついさむい　透明少女

11／1　レクリエーション？　馬力と人力

11／2　休む　柿もらう　種は埋めよう

11／3　休み　ジーンズ　コート　つなぎ

11／4　インターネット　つまらん

11／5　体はマラソン　走った　足が棒

11／6　休む　寝る　腹痛

11／7　図書室　自炊の話　ブレーキ切れる

11／8　R芸国国英Ⅱ　フールズ　バロック

11／9　気持ち悪い　休む　フルバCD

11／10　焼肉　あずまんがシールで指切る

11／11　犬神ルディアデッドエンドベルゼルブ

11／12　気分悪　血の気引く　吐いた　病院

11／13　大分良い　夜チャット3時まで…

11／14　マラソン英数めし　赤川　文体バスケ

11／15　学生時代の一日は大人に成ってからの一ケ月にも相当する　地政RW国物

11／16　

11／17　カラオケ潰れてた

11／18　NHK課外授業　プリーティア見ず

11/19　殺人よこんにちは　デビルズ　ドロシア
11/20　雀羅　フルバ　バレンタインの話
11/21　マラソンラスト　教師うざい　の旅
11/22　冷蔵庫を壊す　おしまいのとき　シュナ
11/23　農業　牛けったら退学
11/24　電気のヒモ切れた
11/25　運動せな寝ないとふけると
11/26　政地政文Rテニス　立ち読み
11/27　成りあがり読む　チャットで怒られる
11/28　帰ろうとする　保健室寝る
11/29　R芸政国英　雨　指が凍る

11／30　ラヴラド　アグナス　トゥーデスティネ

12／1　ハリポタの行列見る　違う世界へと

12／4　〇〇さんがミリオネアに出たと

12／5　クリスマスまでに彼女と

12／6　テスト　リトルカーナアンドへモ

12／7　避難訓練　ワーッ!!て　工科大とか

12／8　ケイヴ　ミサコ　デズリー

12／9　起き　めし　寝て　ＴＶ　ああ　夜

12／10　プロメテウスの乙女　雨に撃たえば

12/11 元アル中の人の話　風が強い
12/12 柔道　頭打つ　風邪？　今日死ぬ？
12/13 バイトの話　僕らの課外授業
12/14 シュガーハイ探す　まだ出てない
12/15 さぼってた　ゴーマニズム　差別論
12/16 ラミエル　心葬　是空　ミサリナレイ
12/17 古地政文めしR体　りびんぐゲーム
12/18 エヴァ出てる
12/19 読書感想文書けん　星里もちる掲示板
12/20 R芸政めし国英　アニメタル　コア
12/21 終業式行かず補習　三者面談　ピンチ

12／22　デビルマン読む　勝手に就職決めるな
12／23　家にいた　シーン1
12／24　家にこもる
12／25　ジェイドアンダーソン買った
12／26　ホールドユアキー　ラファエル
12／27　フルバ最終回
12／28　ソウルアサイラム　ブレインドライヴ
12／29　墓参り　サニーデイサービス
12／30　寝た　家にいた
12／31　ノアールフルリール　おもちゃの～
1／1　自転車で暴走したらあかん

1/2　仏ゾーン　恋花のCD

1/3　先の事を…　ガーディアンエイト

1/4　ジャングルスマイル　カンカメイ

1/5　焼肉　UFOキャッチャー　キティを

1/6　ファイナルアンサー？　残念！

1/7　アートオブノイズ　買わず明日学校

1/8　席替わる　集会　雪と雨の中間物

1/9　政国英数めし文書処理バト掃除なく

1/10　芸　完成　夜インター　しすぎた

1/11　グリーンライン読む　眠い帰りたい

1/12　バーミヤン　待つの嫌でガストへ

1/13　インタ　リスカのページ

1/14　休み　特に何も

1/15　免許の話　メリゴ　ノイズ　スリップ

1/16　バスケW英数めし文体ソフトボール

1/17　オロロン4　殺人はそよ風のように

1/18　地古RWめし国物　高校生活後少し

1/19　アンヘルブラッド　大いなる誕生

1/20　サンフラワー　サイケジア

1/21　ノート借り写す　ちょっとうけた

1/22　国物数Rめし地古　探すがいない？

1/23　冬の旅人　野球記憶ない　バロック

1/24 教科書置いてたので持って帰る

1/25 教室大掃除　一人始めるのはムズイ

1/26 かっぱカビてる　6万は生活できん

1/27 エヴァフィギュアのハガキ出す

1/28 学校最後に読んだ赤川は冬の旅人と

1/29 W政　鬼葬日本語歌詩は後で気付く

1/30 R物　いつものとこじゃない教室で

1/31 一期一会　みんな元気に病んでいる

2/1 バイト卒業まで待つ　式とかある

2/2 フールズ　ガオ　ショックス

2/3 カレカノ三年前見た所　フルバ

2/4　デルスキュエル　サイカノ7巻初見

2/5　普通　夏の午後　CD　三年間を、

2/6　あっという間やった、悲劇や　とか

2/7　寝て　普通　インタできずゲーム

2/14　部屋へおいでよ　冬物語　マリスCD

2/15　明日から補講　暖かかったが冬服
学校へ6日プール2回走って柔道

2/23　中学の忘年会？　泊まる

2／25　パンクして少し話して穴開いてない

2／26　その後も2回程　CD聞いたり漫画

3／1　卒業して　バイト無く

＊＊＊

3／31　アルバムもらって○○へ

4／1　結婚式

＊＊＊

4／31　コンビニおち

＊＊＊

5／16　職安

5／17　面接　月曜から行く

7日目行かず　やめ　無職

# ニートができるまで

2023年8月28日　第1刷発行

著　者　加工《かこう》デンプン

発行者　太田宏司郎
発行所　株式会社パレード
大阪本社　〒530-0021　大阪府大阪市北区浮田1-1-8
TEL 06-6485-0766　FAX 06-6485-0767
東京支社　〒151-0051　東京都渋谷区千駄ヶ谷2-10-7
TEL 03-5413-3285　FAX 03-5413-3286
https://books.parade.co.jp
発売元　株式会社星雲社（共同出版社・流通責任出版社）
〒112-0005　東京都文京区水道1-3-30
TEL 03-3868-3275　FAX 03-3868-6588
装　幀　藤山めぐみ（PARADE Inc.）
印刷所　中央精版印刷株式会社


ISBN 978-4-434-32517-5　C0095